옮긴이
김지현

서울대학교 불어교육과를 졸업하고 현재 문학 및 미디어, 커뮤니케이션 분야에 관심을 키워가고 있다. 미국에서의 거주 경험을 바탕으로 몇 년 전부터 전문번역가로 활동하며 수많은 영화와 책들을 우리말로 옮겨왔다. 한 권의 책이 좋은 독자를 만나 즐겁게 소통하고 인생에 새로운 활력소가 되는데 보탬이 되기를 기원한다.

생각을 뒤집어라

초판 2쇄 발행 2010년 7월 5일
지은이 폴 아덴
옮긴이 김지현
펴낸이 김건수

펴낸곳 김앤김북스
출판등록 2001년 2월 9일(제12-302호)
서울시 중구 수하동 40-2번지 우석빌딩 903호
전화 (02) 773-5133 l 팩스 (02) 773-5134

ISBN 978-89-89566-33-5 03320

세상은 당신이 어떻게 생각하느냐에 달려있다.
생각을 뒤집으면 당신의 인생도 바뀔 것이다.

인생을 바꾸는 것을 어렵게 생각하지 마라.

나도 여러분만큼이나 이 자를 싫어한다

하지만 그의 이미지가 사람들에게 일으키는 효과는 좋아한다.
지금 당신이 반응하는 것처럼 그의 그림은 사람들에게 강렬하게 반응하도록 만든다.

시드니 오페라 하우스에 대해 생각할 때마다 흥미로운 점은 어떻게 요른 웃존(Jorn Utzon)이 자신의 황당무계하고 그 당시 기술로서는 짓기도 힘든 디자인을 시드니 시의 창립자들에게 팔아먹을 수 있었는가 하는 점이다.
자신의 건축 계획을 설명하는 자리에서 그는 오페라하우스 건물을 '돛(sail)'이라고 불렀다.
곧 심사위원들의 마음속에는 바다 위에 떠 있는 거대한 돛 이미지가 선명하게 박히게 되었다. 그리고 일단 이렇게 되자 다른 경쟁자들이 들어갈 수 있는 자리는 완전히 없어졌다.
그는 자신의 건축 컨셉을 '돛'이라는 한 단어로 정리해냈던 것이다.
정말 훌륭하지 않은가?

돛 이야기

때론 분명한 것이 최선이다.

식빵.
그것으로 샌드위치를 만든다는 걸 아는가

최후의 생각

드러머

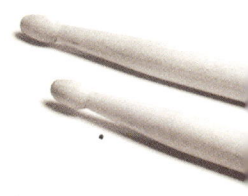

광고 회사에서 심부름꾼으로 일하는 한 젊은이가 있었다. 어느 날 그는 상사를 찾아가 이렇게 말했다.
"회사를 그만두겠습니다. 저는 드러머가 되고 싶습니다."
그러자 상사가 말했다. "자네가 드럼을 연주하는 줄은 미처 몰랐네."
상사의 놀람에 그는 이렇게 대답했다. "연주할 줄 모릅니다. 하지만 곧 알게 될 겁니다."
몇 년 후 그 젊은이는 에릭 클랩튼과 잭 브루스와 함께 크림(Cream)이라는 전설적인 밴드에서 연주하고 있었다. 그 젊은이의 이름은 바로 진저 베이커이다.
그는 자신이 할 수 있는지 미처 알기도 전에 벌써 자신이 원하던 것이 되어 있었다.
그에게는 분명한 목표가 있었던 것이다.

성공의 비결을 묻자 우디 알렌은 이렇게 대답했다. "현장에 나타나라."

그냥 현장에 나타나라

꼭 다니고 싶은 직장이 있는데 그곳에서 당신을 받아들여 주지 않는다면 그냥 그 직장에 모습을 드러내라.
가서 온갖 잔심부름을 도맡아 하며 그곳에서 쓸모 있는 사람이 되라. 그리고 사람들에게 당신에 대해서 알려라.
그러면 언젠가 그들은 당신을 받아들여 줄 것이다. 왜냐하면 당신은 이미 그 그룹의 일원이 되어있기 때문이다.
그들은 당신의 끈기를 존경할 뿐 아니라 그 때문에 당신을 좋아하게 될 것이다.
그 때까지 시간이 좀 걸릴 수도 있다. 한 1년쯤?
그러나 당신은 결국 쫓겨나는 것이 아니라 받아들여질 것이다.

직장에 가라

18세에 일을 시작하는 사람은 23세에 일을 시작하는 사람보다 5년 앞서는 셈이다.
아무리 대학 교육을 받아봤자 스물셋에 당신이 될 수 있는 것은 말단 사원에 불과하다.
어렸을 때는 진로에 관한 결정을 잘못 내려도 충분히 만회할 수가 있다.
하지만 30세에 지금 다니고 있는 직장이 자신과 맞지 않다는 사실을 알기에는 좀 늦은 감이 있다.
그러니 진정으로 공부하고 싶은 것이 있지 않다면 대학에 가지 마라.
그럴 바에야 인생의 학교인 직장에 가서 직접 부딪치며 배워라.

인생 학교 나이 23세

대학에 가지 말고

대학에 가는 것은 보통 '어떻게 살아야할지 모르겠으니 그냥 대학이나 갈게요'를 의미한다.
휴학이 이것을 증명한다. 휴학은 좀 더 시간을 연장시키는 수법이다.
운이 좋은 사람들은 자신이 무엇을 하고 싶은지 비교적 일찍 깨닫는다.
하지만 대부분의 사람들은 자신의 쓸모를 찾는 데 매우 어려워한다.
그들도 힘들 것이다. 하지만 대학에 간다고 해서 그들의 문제가 해결되는 것은 아니다. 그들의 문제를 해결하기 위해선 대학이 아니라 직장에 가야 한다.

대학교 학생 나이 23세

대학?

모르고 사는 편이 낫다

답을 알아내는 것보다는 문제를 해결하는 것이 흥미롭다.
마술의 기술이 공개되면 그것은 마법을 잃는다.
누가 이길지 안다면 축구 게임은 전혀 흥미롭지 않을 것이다.
일부 사람들은 성공을 거두고 거기에 만족하고 산다.
계속 모르고 살아가는 자가 진정한 행운아다.

부정적인 태도를 버려라

필자가 사치스(Saatchi's)에서 크리에이티브 디렉터로 일하고 있을 때 한 젊은 친구에게 일을 못한다고 구박한 적이 있다.
그 날 오후 누군가 내게 와서 그 친구가 사무실에서 울고 있다고 전해주었다.
나는 그를 위로하러 갔다.
"걱정 말게. 나도 자네 나이일 때는 형편없었다네."

뭐든지 적당히 하거나 중간쯤 하는 것은 흔한 일이다.
그럴 바에야 차라리 아예 꼴찌를 하는 편이 낫다.
왜냐하면 그것은 당신이 학교에서 가르치는 고리타분한 삶의 방식에 관심이 없다는 것을 의미하기 때문이다. 당신의 마음은 다른 곳에 가 있다.
학교에서 꼴찌를 했던 사람들 중에는 커서 부자가 되거나 성공하는 사람이 많다. 그들이 성공할 수 있었던 이유는 바로 그들의 상상력 때문이었다.
그러니 당신도 낙제했다고 해서 좌절할 것이 아니라 오히려 좋은 출발점으로 여겨야 한다.
좋은 성적이 흥미로운 삶을 보장해주지는 않는다.
흥미로운 삶을 보장해주는 것은 바로
당신의 상상력이다.

엄마, 저 시험에 떨어졌어요.
큰일이라고요?
아니, 오히려 그것은 성취이다

10점, 참 잘했어요!

나는 이 페이지에 어울리는 삽화를 생각해내는 데 실패했다.

실패의 성취

돈이 당신을 창조적으로 만들 것이다

크리에이티브 분야에서 일을 시작한 사람은
광고나 미디어 같은 것들에 관해서는 생각지 마라.

돈만을 생각하라. 그 편이 정직하다.

똑같은 유리컵의 사진을 찍되,
이번에는 초점을 맞춰 정상적으로 찍어라.
그리고 나서 사람들에게 물어보라. "저게 뭐죠?"
그들은 "유리컵이죠"라고 대답할 것이다.

때론 너무 영리하지 않은 것이 영리한 것이다

카메라의 초점을 맞추지 말고 왜곡 렌즈를 사용해 유리컵을 찍어라.
누군가 "저게 뭐죠?"라고 물으면
사람들은 "유리컵 사진이죠"라고 대답할 것이다.

기꺼이 훔쳐라

어디서든지 당신에게 영감을 불어넣거나 상상력에 불을 지피는 것이 있다면 망설이지 말고 기꺼이 훔쳐 와라.
영화, 음악, 책, 그림, 시, 사진, 대화, 꿈, 건물, 거리 간판, 구름, 빛과 그림자 등 닥치는 대로 집어 삼키고 이 중 당신의 영혼에 직접 와 닿는 것들만 골라서 모아두라.
이렇게 한다면 당신의 작품은 (그리고 당신의 도둑질은) 진품이 될 것이다.
독창성이란 이 세상에 존재하지 않는다.
당신의 도둑질을 숨기려고 애쓰지 마라. 오히려 축하하고 장려하라.
유명한 영화감독 장 뤽 고다르는 이렇게 말한 바 있다.
"어디서 가져왔느냐가 중요한 것이 아니라 어디로 가져가느냐가 중요하다."

난 이 그림을 짐 자무시로부터 훔쳐왔다.

어떤 사람들은 아이디어를 생각해내는 데 천부적인 소질을 타고난다.
그러나 그렇지 않은 사람들에게 아이디어를 생각해내는 것만큼 고통스러운 일도 없다.
그런데 신기하게도 가장 고통스러워하는 사람들이 가장 크게 성공하는 사람들일 경우가 많다.
머릿속에 아이디어로 넘쳐나는 것이 항상 좋은 것만은 아니다.
어떤 아이디어에 착수하기도 전에 벌써 다음 아이디어로 관심이 넘어가기 때문이다.
아이디어가 많지 않은 사람은 그나마 가지고 있는 아이디어로 승부를 봐야 한다.

아이디어가 많은 것이 항상 좋은 것은 아니다

너무 많은 아이디어의 최후는 여기가 아닐까?

여기서 가장 훌륭한 아이디어는 계획 상자이다. 그것은 실재하기 때문이다.

나쁜 아이디어란 무엇인가?

아이디어는 취향의 문제이다.

누군가에게는 좋은 아이디어가 누군가에게는 나쁘거나 너무 뻔한 아이디어가 될 수도 있다.
좋은 아이디어란 이전에는 보지 못한 방식으로 문제를 해결하는 것이다.
실제로 문제를 해결하는 데 사용되지 못하는 아이디어는 아무런 가치가 없다.
서랍에 쌓여있는 아이디어는 아무런 쓸모가 없다.
아니, 쓸모없는 것보다 더 나쁘다. 쓸데없이 공간을 차지하기 때문이다. 좋은 아이디어로 인정받기 위해서는 현실에 적용되어야 한다.
나쁜 아이디어라도 실행에 옮긴 아이디어는 아직 실현되지 않은 훌륭한 아이디어보다 백 배 낫다.
사람들이 오래 사용할수록 더 훌륭한 아이디어라고 여겨진다.
그래서 지금까지 나온 아이디어 중에 바퀴가 가장 훌륭한 아이디어라고 여겨지는 것이다.

좋은 아이디어란 무엇인가?

실제로 실현될 수 있는 아이디어가 좋은 아이디어다.

그렇지 않으면 좋은 아이디어가 아니다.

한 광고업자가 에펠탑을 광고에 사용하기 위해 허가 비용이 얼마나 드는지 물어보자, 빠리의 공무원들은 10,000프랑이라고 대답했다. 그러자 그 광고업자는 더 이상 그것을 좋은 생각이라 여기지 않게 되었고, 결국 에펠탑을 광고에 쓰지 않기로 결정했다.
한편 나도 이 책에 에펠탑을 싣고 싶었지만 10,000프랑이 그렇게 좋은 아이디어라고 생각하지 않았다.
그래서 나는 아예 처음부터 물어보지 않았다.

하퍼 바자(Harper's Bazaar)의 아트 디렉터인 알렉시 브로도비치(Alexey Brodovitch)는 후일 세상에서 가장 위대한 사진작가 중 한 명이 된 리차드 아베든(Richard Avedon)을 위해 최고의 조언을 해주었다.

조언은 단순했다.

나를 놀라게 하라!

이 말을 명심하라.
그리고 무슨 일을 하든 창조적으로 하라.

흥미로운 사람이 되고 싶다면
먼저 흥미를 가져라

코펜하겐에서 친구와 술을 마시다가 내가 잠시 자리를 비운 적이 있었다. 그 친구가 할 줄 아는 덴마크어라고는 "ja(예)"와 "nej(아니오)" 뿐이었다.

그런데 어느 술에 취한 남자가 그에게 말을 걸기 시작했고 내 친구는 가끔씩 ja와 nej로 장단을 맞춰주었다.

나중에 내가 돌아왔을 때 내 친구는 여전히 그 두 단어를 사용해 가며 그와 얘기를 나누고 있었다. 그 술 취한 남자는 단순히 내 친구가 그의 말을 들어준다는 이유로 내 친구에게 흥미를 느끼고 있었다.

면접에서도 당신의 뛰어남을 과시하기보다는 면접관이 당신에게 하는 말을 주의 깊게 듣는 것이 더 나을 수도 있다. 그러면 면접관들은 당신이 한 마디도 하지 않았지만 당신에게 흥미를 가질 것이다.

양복 소매를 더 걷어붙여라

회의에서 당신이 회사 동료들에게 어떻게 비춰질까 애써 고민할 필요 없다.
그들도 당신에게 어떻게 비춰질까 고민하기에 바쁘기 때문이다.
회의는 별로 할 일 없는 사람들이나 하는 것이다.
회의는 일종의 퍼포먼스다. 사람들에게 자신의 중요성을 확인시키는 연기인 것이다.
진짜 선수들은 회의라는 게임을 연기하지 않아도 된다.
그들은 소매를 걷어올리고 바로 일에 착수한다.

회의를 꼭 해야 한다면 의자를 없앤 후 하라.

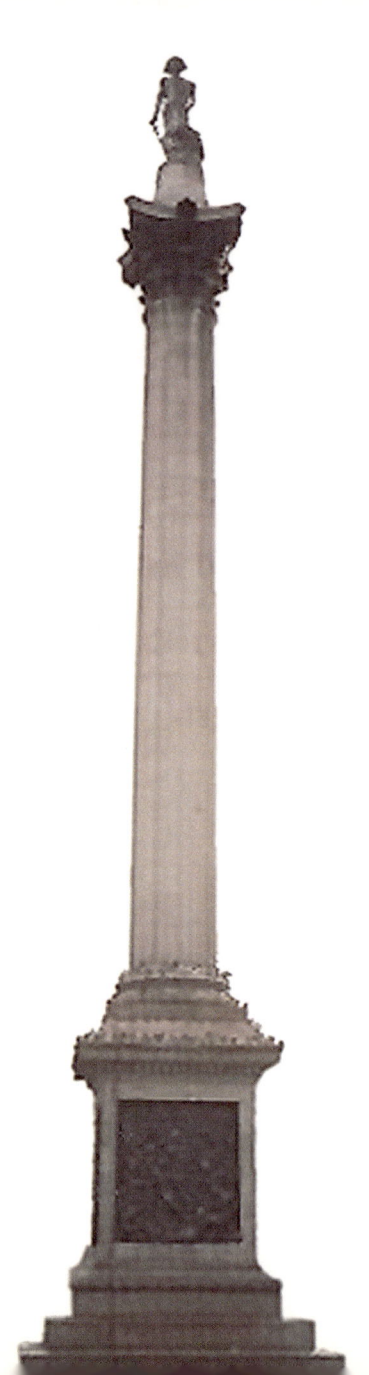

넬슨의 주춧돌

만약 넬슨이 지금보다 작은 주춧돌 위에 세워졌다면 그는 지금보다 절반밖에 안 되는 사람이 되었을까?

자아와 창조성

내 아버지는 꽤 온화한 분이셨고 모든 온화한 사람들이 그러하듯 항상 자신의 자아를 억제하려고 하셨다.
아버지는 꽤나 그것을 잘 하셔서 인생의 대부분을 사람들에게 알려지지 않은 채 사셨다.
아버지의 직업은 예술가였다.
어머니가 돌아가셨을 때 아버지의 연세가 90이었다.
아버지는 더 이상 당신의 작품을 보여주고 인정 받을 상대가 없어졌다.
그러자 자신도 모르는 사이에 아버지는 자아를 찾았다.
점점 아버지의 작품은 재미있고 독창적인 것이 되어갔다.
아버지는 심지어 자신을 천재라 부르기 시작하셨다.
아버지가 돌아가셨을 때 내가 유산으로 받고 싶었던 것은 무엇보다도 아버지 말년의 스케치 북이었다.
자아를 발견하지 못했다면 아버지는 결코 지금의 아버지가 되어 있지 못했을 것이다.
자아가 그 사람의 창조성에 미치는 영향이 이렇게 큰 것이다.
나도 내 자아를 좀 더 개발하고 싶다.

자신이 최고라고 생각하라

소위 생각 좀 한다는 사람들 사이에서 자아를 잃어버리는 것이 일종의 유행이 되고 있다.
그러나 그들은 조금 더 진지하게 생각할 필요가 있다.
우리에게 자아가 주어진 건 다 그만한 이유가 있어서이다.
위대한 사람들은 위대한 자아를 가졌고 아마도 그 때문에 위대해졌을 것이다.
그러니 자아를 부정하려 하기보다는 좋은 용도로 쓰도록 하자.
어쨌든 인생은 온통 '나'에 관한 것이지 않은가.

나의 자아

넘버 1

처칠은 이렇게 말한 바 있다. "정상에 있을 때는 국가 정책에 대해서만 생각하면 된다. 하지만 2인자의 자리에 있을 때는 정책에 대해서 생각하기 전에 먼저 상관이 무슨 생각을 하는지, 그리고 당신의 라이벌은 무슨 생각을 하는지 생각해야만 한다."

당신도 누군가의 밑으로 들어가지 말고 당신 자신의 회사를 차려라. 그러면 당신의 운명을 통제할 수 있게 될 것이다. 당신은 처음부터 1인자가 되는 것이다.

해고
해고는 당신에게 일어날 수 있는 최고의 경사다

직장에서 일이 잘 안 풀리는가?
해고당할까봐 두려움에 떨고 있는가?
혹시 이런 두려움 때문에 새벽 4시에 잠에서 깨곤 하는가?
그렇다면 당신이 이미 10일쯤 전에 해고되었다고 가정해 보라.
해고가 되면 그 상황을 받아들이는 것 외에 다른 선택이 없으므로 그냥 좋은 일이라 여기는 것이 당신에게 가장 이롭다. 당신은 이제 새롭게 시작해야 한다.
어쨌든 당신도 그동안 당신이 처한 상황을 싫어하지 않았는가?
그렇다면 이것은 오히려 훌륭한 기회다.
이제 당신이 하려는 것을 말릴 사람이 아무도 없지 않은가.

사직서를 내라
그래야 당신이 중요한 사람이라는 걸 안다

만약 사람들이 당신의 아이디어나 제안을 끊임없이 거절한다면 진지하게 사직을 고려해보라.

당신도 언제까지고 계속 싸우면서 패배할 수만은 없다. 이런 상태는 오히려 당신에게 큰 해가 된다.

만일 당신이 유능하고 지금 자리에 딱 맞는 적임자라면 당신의 사직서는 수리되지 않을 것이다. 당신은 오히려 좀 더 유리한 조건으로 재계약을 맺게 될 것이다.

만일 당신의 사직서가 수리된다면 그것은 그동안 당신이 잘못된 직장에 있었다는 것을 뜻한다. 이 경우 다른 곳으로 옮기는 편이 훨씬 더 낫다.

사직하는 데에는 용기가 필요하다. 하지만 올바른 일을 하는 데에는 항상 그만한 용기가 필요하다.

한 직장에 너무
오래 머물지 마라

시점

목발을 한 기자가 프랑크 자파(Frank Zappa)에게 말했다.
"당신 머리가 길어서 내 위치에선 당신이 꼭 여자처럼 보여요."

그러자 자파는 이렇게 대답했다.
"그래요? 내 위치에선 당신이 탁자처럼 보이네요."

광고회사에서 일하면서 나는 업무상 사진작가들을 고용할 기회가 많았다.

그 결과 평소에도 내게 작품을 보여주려는 사진작가들이 꽤 있었다.

내게 온 포트폴리오 중 99퍼센트는 매우 높은 수준의 것이었다. 그러나 이 중 98퍼센트는 이전에 어디선가 본 사진들을 포함하고 있었다.

물론 소재나 구성이 똑같은 것은 아니었지만 왠지 새로운 것을 보고 있다는 느낌은 들지 않았다.

간단히 말해 그들에게는 그들만의 관점이 없었다. 만약 그들에게 관점이 한 가지 있었다면 그것은 바로 나와 같은 관객들이 그들의 사진을 좋아해야 한다는 것이었다.

매우 드문 경우이긴 했지만 간혹 뚜렷한 관점을 가진 작품들을 만날 때도 있었다. 그것들은 어느 누구와도 다른 작품들이었다.

이 사진들의 작가는 까다로운 사람들일 때가 많았다. 그들은 내가 원하는 대로 일을 시킬 수 없기 때문에 종종 함께 일하기가 불가능할 정도였다. 이들과 일하면서 어떤 때는 일이 틀어지기도 했고 어떤 때는 그렇지 않기도 했다. 하지만 일이 틀어지지 않았을 때는 그렇지 않은 경우를 다 보상하고도 남을 만큼 충분한 가치가 있었다.

이런 방식으로 보라

길버트 가신(Gilbert Garcin)은 80세 노인이다. 그는 65세부터 사진을 찍기 시작했다. 그에게는 그만의 관점이 있다. 지금 당신은 그의 관점을 보고 있다.

사무실로 돌아가는 길 내내 그 작품에 대해 잔소리를 늘어놓았다.

사무실에 도착하자 내 친구는 이렇게 말했다.

"자네는 그 작품이 싫다고 하지만 처음 본 순간부터 지금까지 내내 그 작품에 대해 얘기하고 있다는 것 아나?"

분명한 건 그 작품을 마음에 들어하건 들어하지 않건 간에 그는 그 작품을 잊을 수가 없다는 것이다.

작품이 참신하고 새로울수록 사람들이 금방 좋아하길 기대해서는 안 된다. 그것과 비교할 수 있는 대상이 없기 때문이다.

이해하지 못하는 것을 받아들이려고 노력하는 것은 나중에 이해하게 되었을 때 그것을 더욱 가치 있는 것으로 만들어준다.

훌륭한 예술은 <u>스스로</u> 말한다. 그렇다고 해서 당신이 반드시 그것을 좋아해야 한다는 말은 아니다.

그러니 다음번에 전시회에 가거나 예술 작품을 보게 되면 그것이 당신에게 어떤 효과를 일으키는지 관찰하고 당신 자신의 의견을 만들도록 노력해보라.

이렇게 하면 당신은 다른 누군가의 의견을 말하는 대변인이 아니라 이미 어엿한 비평가가 되어 있을 것이다.

그녀가 생각하는 것은 누구의 의견인가?

내 동료 중 한 명이 친구를 데리고 미술 전시회를 보러간 적이 있다.
그 전시회는 콘크리트 벽돌을 쌓아올려 안락의자나 긴 의자를 만들고 원색으로 칠한 것이었다.
이것을 보자 동료의 친구는 이렇게 말했다. "고작 이 쓰레기더미나 보자고 날 여기까지 데려온 건가? 이것만 아니었다면 우리는 멋진 점심식사라도 할 수 있었을 걸세." 그는

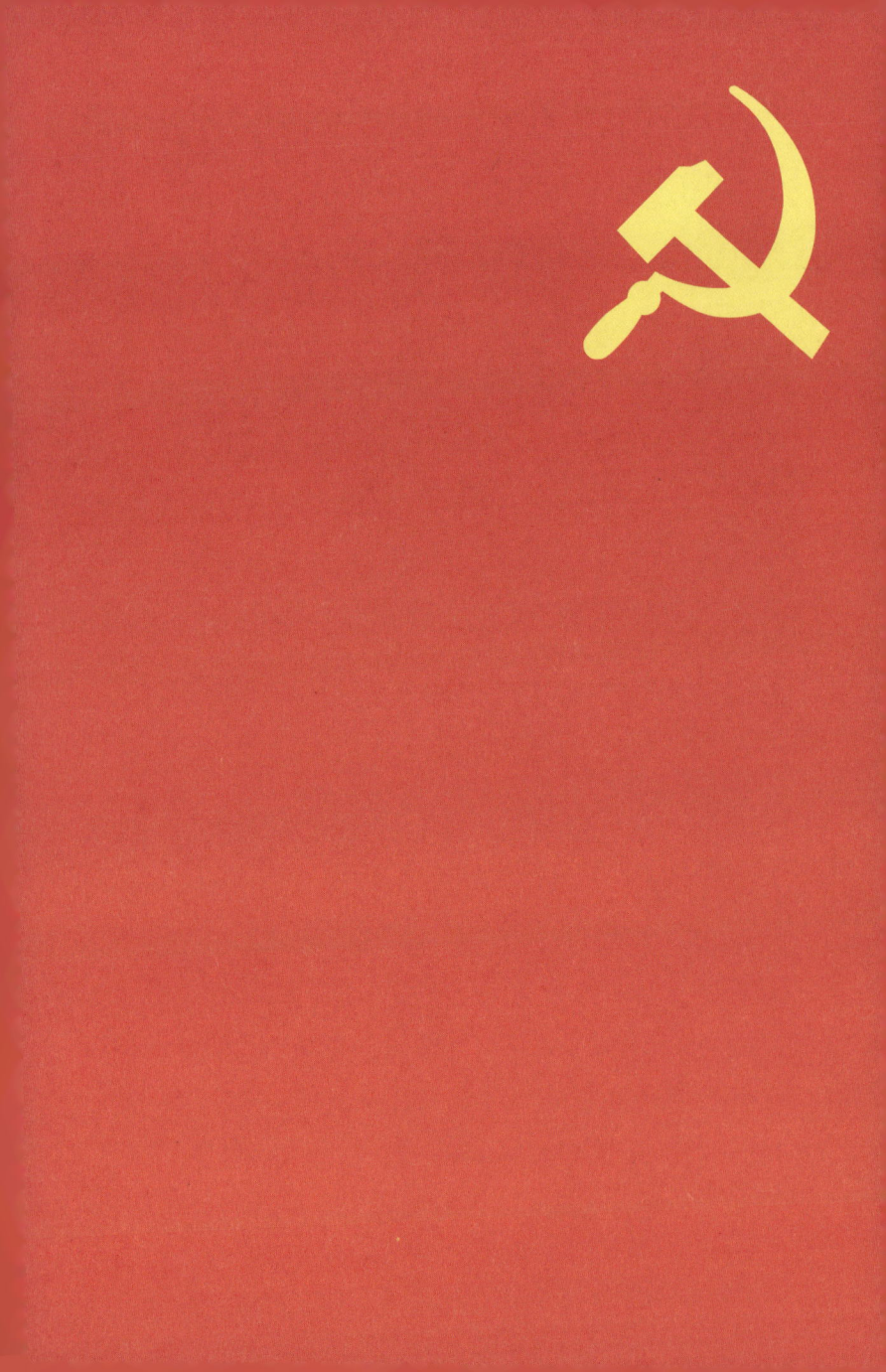

1984

1975년, 체코의 예술가이자 애니메이션 작가, 얀 슈반크마이에르(Jan Svankmajer)의 작품은 정부의 탄압을 받는다.
그가 잘못된 관점을 가지고 있었던 것일까?
아니면 그는 올바른 관점이었지만 잘못된 관점을 가진 사람들이 그를 바라보았던 것일까?
오늘날 그는 국보급 거물이 되었다.
이제 그는 올바르고 과거의 그들이 잘못되었던 것일까? 아니면 그는 여전히 잘못되었고 과거의 그들이 올바른 것이었을까?
이처럼 똑같은 작품이지만 보는 관점에 따라서 그 가치가 완전히 달라질 수 있다.
지배적인 관점은 단지 많은 수의 사람들이 생각하는 것일 뿐이다.
사람은 양과 같다. 그들은 리더를 따라간다. 어느 길로 가야 할지에 대해 관점을 가진 사람은 리더뿐이다.
독창적인 관점이나 시각을 가지는 것은 매우 드문 일이다.
현명한 자만이 그것의 가치를 알아본다.
대중들 앞에서 소수의 관점을 옹호하고 두둔할 용기를 지니는 것은 앞으로 당신을 승리자로 만들어줄 것이다.

당신은 항상 틀리다.

당신은 옳거나 틀린 것은 어떤 위치에서 당신을 바라보느냐에 달려있을 뿐이다.

어떻게 보아도는지 진전은 각기 개인적인 관점을 가진 사람들에 의해 이루어진다.

올바른 관점이란 없다

관습적이거나 널리 받아들여진 관점이 있다.
개인적인 관점도 있다.
많은 수의 사람들이 공유하는 큰 관점도 있다.
적은 수의 사람들이 공유하는 작은 관점도 있다.

그러나 올바른 관점이란 없다.
당신은 항상 옳다.

대부분의 사람들은 그들 자신이 아니라 다른 누군가이다.
그들의 생각은 다른 누군가의 생각이다.
그들의 인생은 일종의 모방이다.
그들의 열정은 누군가를 인용한 것이다.
-오스카 와일드

당신의 생각은 무엇인가?

무엇인가?

당신의 관점은

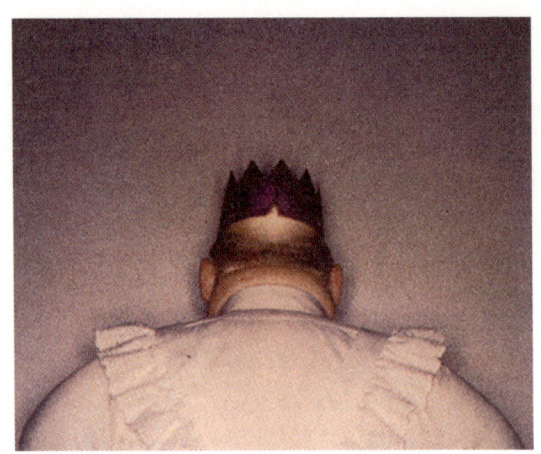

론 무엑이 만든 모형

당신 자신을 예술가로 불러라

1980년대에 론 무엑(Ron Mueck)은 모형 제작자였다.
그는 광고에 쓸 사람의 뒷모습을 제작했다.
그가 받은 돈은 얼마 되지 않았다.
한 유명한 미술품 수집가가 그의 작품을 발견했고,
그의 신분은 모형 제작자에서 아티스트로 바뀌었다.
그의 작품들은 현재 제작 당시보다 100배 이상의 가치가 나간다.
다른 사람들이 당신을 어떻게 평가하는가는 당신 자신을 어떻게 소개하는가에 달려 있다.

모든 것을 내 탓으로 여겨라

다른 누구도 탓하지 말고 오직 당신 자신만을 탓하라.
뭔가에 손을 댔다면 그것에 대한 모든 책임을 받아들여라.
책임을 받아들인다는 것은 그것에 대해 뭔가를 하고자 하는 입장에 있다는 뜻이다.

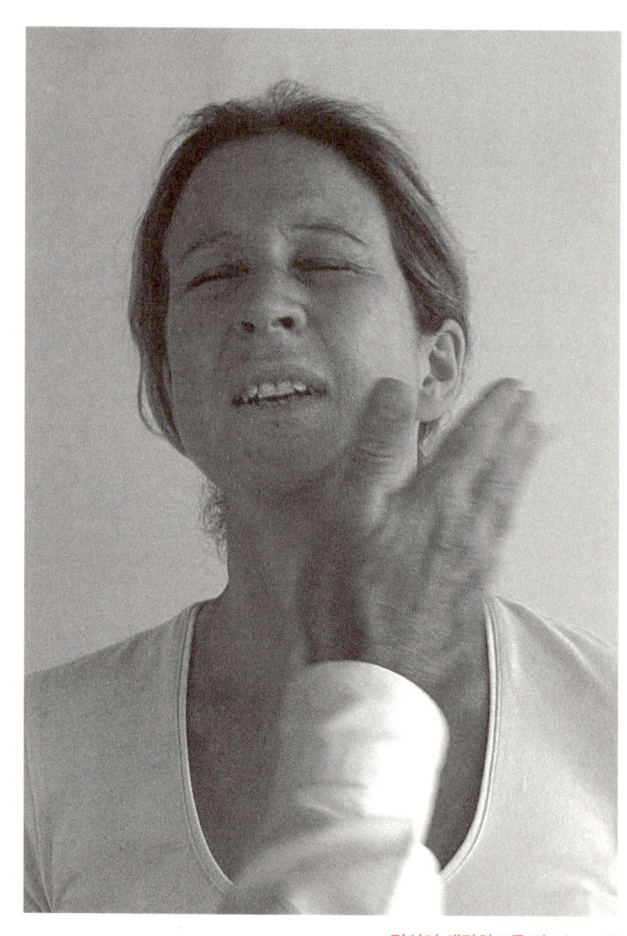

당신이 생각하도록 만드는 그림

뺨 한 대를 요청하라

만약 당신이 누군가에게 당신의 작품을 보여주며 어떠냐고 묻는다면 사람들은 아마 당신의 기분을 상하게 하지 않으려고 괜찮다고 대답할 것이다.
다음에는 괜찮은지 묻지 말고 무엇이 잘못되었는지를 묻도록 하라.
그러면 사람들은 당신이 듣고 싶어하는 감언이설은 해주지 않을지도 모르지만 진실된 비판을 해줄 것이다.
진실은 쓴 법이다. 그러나 멀리 보면 지금 당장의 달콤한 거짓말보다 당신에게 훨씬 이롭다.

하면서 고쳐라

너무나 많은 사람들이 너무나 많은 시간을 실제로 직접 해보기 전에 무언가를 완벽하게 만들려고 하는 데 쓴다.
그러나 미리 완성되기를 기다리는 대신 지금 가지고 있는 것을 가지고 당장 뛰어들어라. 그리고 하면서 고쳐라.

만약 당신의 야망의 수준이 이렇다면

좀 더 높은 목표를 가져라.

별을 향해 나아가라

하나를 필요로 한다

누구나 이것들 중

젊은 세대가 나이든 세대에게 해줄 수 있는 것

비합리적인 세대

어느 정도 연배가 있는 골퍼들은 경기에서 이기지 못한다. (이것은 절대적인 법칙이 아니라 일반적인 법칙일 뿐이다.)
사실 이들도 젊은 골퍼들만큼이나 공을 멀리 칠 수 있다. 뿐만 아니라 칩샷과 퍼팅도 똑같이 잘 칠 수 있고, 아마 코스에 대해서도 더 잘 알고 있다.
그렇다면 이들은 왜 쓸데없이 너무 공을 들인 나머지 승리를 빼앗기게 되는 걸까?
그것은 바로 이들이 가지는 경험 때문이다.
그들은 자신들이 내려갈 때도 있다는 것을 안다. 그리고 일이 잘못되면 어떤 일이 일어나는지도 안다. 그래서 좀 더 신중해지는 것이다.
한편 젊은 선수들은 이런 것에 대해 잘 모르거나 알더라도 별로 개의치 않는다.
이것이 바로 이들의 강점이다.
우리 모두도 마찬가지이다.
알면 오히려 안전을 추구하게 된다.
경기에서 이기는 비결은 그냥 어린 아이의 상태로 남아있는 것이다.

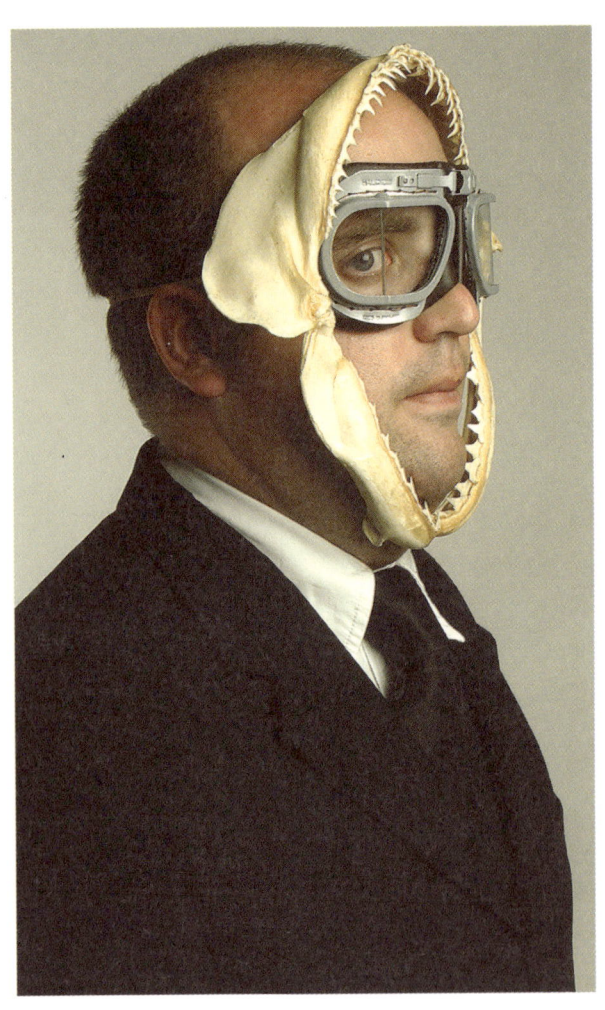

당신은 합리적인가?

뉴욕의 유명한 투자 회사, 살로몬 브라더스는 유망한 의뢰인들을 찾아 한 달에 한 번 혹은 하루에 한 번 만나는 것이 아니라 하루에 무려 세 번이나 만나러 돌아다녔다.
그것은 명백히 비합리적인 일이었다.
그러나 이렇게 함으로써 그들은 확실한 성과를 남길 수 있었다.
대부분의 사람들은 합리적이다. 그래서 그들은 오직 합리적인 범위 내에서만 잘 할 뿐이다.

조지 버나드 쇼는 이렇게 말한 바 있다. "합리적인 사람은 세상에 자신을 적응시키는 반면 비합리적인 사람은 세상을 그에게 적응시킨다. 모든 진보는 비합리적인 사람들에서 나온다."

이후 3년 간 그녀는 일련의 특이한 아이디어들을 생각해 낸다. 그녀의 성격은 점점 더 까칠해지고 결국엔 해고된다. 그런데 신기한 것은 생각보다 새로운 직장을 구하기가 어렵지 않다는 것이다. 많은 사람들이 그녀가 3년 전에 생각해낸 비교적 좋은 아이디어들을 기억하기 때문이다. 그녀의 실패들은 관대하게 잊혀진다.

그녀의 새로운 회사는 그녀의 이름을 추가함으로써 회사의 명성에 약간의 빛을 더하게 된다. 그러나 이전과 같은 과정이 반복된다. 얼마 안 가 그녀는 또 한 번 해고된다. 하지만 이번에는 그녀를 기억하게 해 줄 작품 수가 더 많아진다. 그녀를 해고한다는 것은 단지 사원 한 명을 해고하는 것이 아니게 된다.

그녀의 인생 전체가 이런 과정을 밟는다. 상승과 하강이 반복되고 사실 상승보다는 하강인 경우가 더 많다.

그러나 40세가 되었을 때 그녀는 어느새 특이한 이력을 보유하게 된다.

언제부턴가 그녀는 존경받는 인물이 되어있다.

에리카는 여전히 까칠하고 무모한 사람이지만 그동안 순순히 순응할 수 없었기 때문에 그 어느 때보다도 많은 러브콜을 받게 된다.

이럴 경우 40세가 된 우리의 착실한 에디는 이제 관심에서 비껴나고 47세가 되면 회사를 떠나게 된다. 사다리 꼭대기에 한번 올라가보지도 못하고 아래로 추락하는 것이다. 여기서 다시 올라갈 방법이란 없다.
이렇게 하여 그의 직장 생활은 종지부를 찍지만 그가 잘못한 것이라곤 아무 것도 없다.
사실 바로 그것이 문제다.
그가 아무런 잘못도 저지르지 않았다는 것 말이다.

이제 무모한 에리카의 경우를 살펴보자

젊은 시절의 에리카에게서 에디와 같은 매력은 찾아볼 수 없다. 그녀는 기업이 원하는 반듯한 직장인 타입이 아니다. 그녀는 까칠하고 피곤한 타입이다. 그래도 그녀는 열정적이고 종종 엉뚱한 아이디어를 생각해낸다. 다행히 그 덕분에 회사에 계속 남아있을 수 있게 된다.
그녀가 생각해내는 아이디어의 대부분은 현실성이 없거나 너무 위험하고 어리석다고 여겨진다. 하지만 회사의 누군가는 그녀의 거침없는 생각들 중 하나를 골라 추진하기 시작한다. 그것은 기존과 다르고 신선하기 때문에 금방 눈에 띈다.

모험을 택하지 않는 착실한 직장인은 초기에는 자신의 신선한 젊음 덕분에 빠르게 상승한다. 열린 자세와 단정한 행동거지, 그리고 멋진 외모는 이러한 상승을 가속시켜준다.

그의 상관들은 기꺼이 그를 승진시키고 싶어한다. 왜냐하면 이것이 그들에게도 이익이 되기 때문이다. 그는 어느새 가볍게 무시할 수 없는 책임 있는 자리에 도달한다.

어쨌든 그렇게 높은 자리는 아니지만 그도 이제 관리자가 된다.

그의 월급은 능력이 아니라 지위와 함께 올라가고 세월이 흐름에 따라 어느새 간부급 후보로 거론될 위치에 도달한다. 이제 이사를 임명할 시기가 다가온다. 우리의 착실한 에디는 성실한 사원이긴 하지만 그리 예리하거나 재빠른 편은 아니다. 그에게서 혁신을 기대할 수는 없다. 사실 그는 회사의 이미지를 쇄신하는 데 아무런 역할을 할 수 없을지도 모른다.

한편 그의 부서에는 그보다 연봉은 3분의 1 밖에 안 되지만 후배 사원들이 따르는 꽤 멋진 젊은 친구가 있다.

55   60   65   70   75

먼저 착실한 에디를 만나보자

이 차트는 일반 직장인과 비범한 이의 근무
생활을 비교한 것이다.

에디(직장인)
무모한 에리카

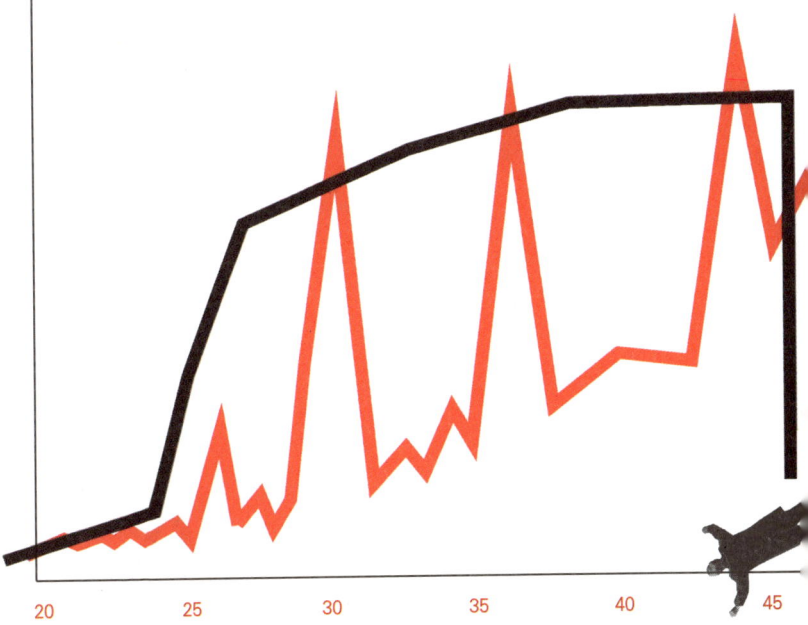

무모한 에리카

착실한 에디 vs

무모한 사람이 되라

우리는 어렸을 때 수영을 할 수 있든 없든 상관없이 물 속에 무조건 뛰어들었다.
그 당시 우리는 겁이 없었다.
일단 뛰어들고 난 뒤 수영을 하든지 아니면 그냥 물에 빠지든지 둘 중 하나를 하면 되었다.
그런데 점점 나이가 들면서 우리는 앞으로의 일생을 결정하게 될 중요한 일들을 겪게 된다.
첫 번째,
우리는 점점 자신을 의식하기 시작한다. 우리는 이성의 시기에 접어들게 된다.
두 번째,
우리는 사춘기를 지나면서 좀 더 어른스러운 방식으로 생각하기 시작한다.
우리는 어른이 된다.
나이가 들면서 무모함과 모험심은 점점 사라진다.
모험은 뭔가 신중하게 고려되어야 할 것이 된다.

예술가 이브스 클라인(Yves Kline)이 허공으로 몸을 던지고 있다. 1960

보트를 뒤흔들어라

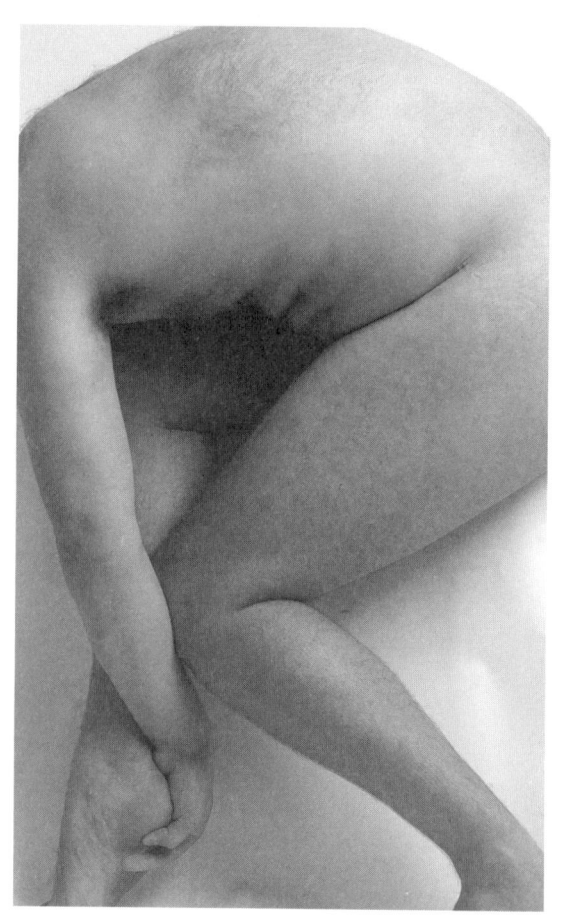

어떤 사람이 되고 싶은가?

이 남자는 자신의 몸으로 원하는 것은 뭐든지 될 수 있다.
그렇다면 이 남자는 어떤 사람이 되고 싶어할까?
소박하게는 우편 배달부나 멋진 청년, 또는 어려운 사람들을 위해 일하는 자선 사업가가 되고 싶어할 수도 있다.
또는 어느 신발 회사의 관리자가 되거나, 연기자 혹은 영화감독을 꿈꿀 수도 있다.
또는 고급 외제차와 별장을 가진 회사 간부를 꿈꿀 수도 있고, 외제차를 두 대 가진 정부의 고위 관료가 되고 싶어할 수도 있다.
원하는 것이 무엇이든지 간에 그는 이룰 수 있을 것이다.
다만 그것을 얻기 위해 실제로 움질일만큼 간절히 바래야 한다.
꿈꾸거나 말로만 해서는 아무것도 성취할 수 없다.
당신의 삶의 모습을 결정할 수 있는 사람은 오직 당신뿐이다.
당신은 어떤 사람이 되고자 하는가?

그렇지 않다면 다른 선택을 했을 테니까.
우리가 하는 일은 모두 우리가 선택해서 하는 일이다.
그러니 후회할 것이 뭐가 있겠는가?
지금의 당신이 되기로 선택한 사람은 바로 당신이다.

인생과 결정

되돌아보면 항상 후회할 일이 있게 마련이다.
누구나 잘못된 결정을 내려본 적이 있을 것이다.
올바른 선택을 내린 적도 있을 것이다.
잘못된 것이든 올바른 것이든 이렇듯 인생은 온통 결정을 내리는 것에 관한 것이다.
가령 다음과 같이 말이다.

1. 실용적인 차를 살 것인가 아니면 디자인이 멋진 차를 살 것인가?
2. 대학에 갈 것인가 아니면 직장을 구할 것인가?
3. 와인을 마실 것인가 아니면 맥주, 아니면 물을 마실 것인가?

어떤 결정을 내리든지 당신은 그 결정을 내릴 수밖에 없었을 것이다.

꿈의 집

지금 당신의 형편으로는 당신이 꿈꾸는 집을 절대 살 수 없다.
바로 그렇기 때문에 꿈의 집인 것이다.
그러니 그 집을 살 방도를 마련하든지 (방법은 항상 있게 마련이다) 아니면 불만족한 상태에 만족하든지 둘 중 하나를 선택하라.

A. Charlie

아무 문제 없이 무덤에 묻히는 것이 모든 영국인들의 소망이다.
영국의 영화배우 존 클리즈(John Cleese)

하지 못한 것보다는
한 것을 후회하는 편이 더 낫다

많은 이들이 40대에 접어든 후 인생에서 뭔가 중요한 것을 놓쳤다며 후회한다. 그동안 모든 일이 순조롭게 흘러간 듯 보이지만 사실 그들에게는 도전이 다가왔을 때 그러한 도전을 선택할 용기가 없었던 것이다.

하지만 아무도 당신이 성공하지 못한다고 해서 당신의 오른팔을 자르거나 자동차를 압수하거나 감옥에 집어넣지 않는다.

내 친구 중 한 명은 갑자기 곤경에 처하자 아버지를 찾아가 조언을 구한 적이 있다.

"아버지, 저에게 큰 문제가 생겼습니다." 아들이 말했다.

그러자 아버지가 담담하게 물었다. "그래서 자살이라도 할 생각이냐?"

아버지의 반응에 놀라며 그는 강하게 부정했다. "아니요, 그런 건 아닙니다."

그러자 아버지는 이렇게 말하는 것이었다. "아들아, 그렇다면 아무 문제도 없는 거란다."

소심하고 안전하게 살고 싶더라도 한 번쯤 멈춰 우리가 놓치는 것이 무엇인지 생각해보자.

상상한다

사람들은 모두 신나는 삶을 원한다. 그러나 대부분은 실제로 그것을 얻기 위해 과감히 행동하기를 주저한다.
그래서 그들은 손쉬운 대안을 선택한다.
즉 다른 사람을 통해 흥미로운 삶을 사는 것이다.
유명한 반란자들과 동일시함으로써 사람들은 자신에게도 약간의 매력이 옮겨오는 듯한 느낌을 받는다. 그들은 자신이 존 레논, 어니스트 헤밍웨이, 앤디 워홀과 같다고 상상한다.
하지만 진짜 반란자들과 보통 사람들 간의 차이는 전자는 선택을 내려야 할 때 최대한 가장 과감한 선택을 내린다는 것이다. 그 선택이 어떤 결과를 가져올지는 모르지만 그들은 안전한 결정이야말로 온갖 위험으로 덮여있다는 것을 안다.

나는 원한다

'나는 원한다'의 의미는 '간절히 원하는 것은 결국 얻게 된다'는 것이다.
원하는 것을 얻기 위해서는 그에 필요한 결정을 내려야 한다. 이것은 주위 사람들이 내려야한다고 여기는 결정이 아니라 당신 자신이 내리는 결정들이다.
원하는 것을 얻기 위해 당신은 어떤 결정을 내릴 것인가?
안전한 결정은 뻔하고 지루할 뿐 아니라 항상 같은 곳에 머무르도록 할 것이다. 하지만 위험한 결정은 당신에게 이전에는 생각지도 못했던 방식으로 생각하고 반응하도록 만들 것이다. 그리고 그 생각은 당신이 원하던 것을 얻도록 도와주는 또 다른 생각으로 당신을 이끌 것이다.
지금부터 나쁜 결정을 내리기 시작하라. 그러면 당신은 다른 사람들이 꿈꿔보기만 하던 곳에 가 있을 것이다.

나는 꿈꾼다

'나는 꿈꾼다'의 의미는 '만약 이렇게 살 수 있다면 좋지 않을까?'이다.
당신이 꿈꾸는 삶은 무엇인가?

항상 올바른 결정, 안전한 결정, 대다수가 내리는 결정을 내리는 사람이라면 당신은 다른 이들과 똑같이 살게 될 것이다.
항상 다른 삶을 꿈꾸면서 말이다.

미궁에 빠지는 것은 당신이 잘못된 결정을 내리기 때문이 아니라 올바른 결정을 내리기 때문이다. 우리는 모두 우리 앞에 놓인 사실들을 바탕으로 합리적인 결정을 내리려고 노력한다. 하지만 문제는 우리뿐 아니라 다른 이들도 모두 그렇게 한다는 것이다.

미궁에 빠지다?

74 당신의 관점은 무엇인가?
78 올바른 관점이란 없다
80 1984
82 누구의 의견인가?
84 이런 방식으로 보라
86 시점
88 한 직장에 너무 오래 머물지 마라
90 사직서를 내라
91 해고
92 넘버 1
94 나의 자아
96 자신이 최고라고 생각하라
98 자아와 창조성
100 넬슨의 주춧돌
102 셔츠 소매
104 흥미를 가져라
106 나를 놀라게 하라!
108 좋은 아이디어
110 나쁜 아이디어
112 아이디어가 많은 것이 항상 좋은 것은 아니다
114 훔쳐라
116 때론 영리하지 않은 것이 영리한 것이다
118 돈이 당신을 창조적으로 만들 것이다
120 실패의 성취
122 10점
124 부정적인 태도를 버려라
126 모르고 사는 편이 낫다
128 대학?
130 대학에 가지 마라
132 그냥 현장에 나타나라
134 드러머
136 최후의 생각
140 돛 이야기
142 히틀러
144 인생을 바꾸는 방법은 간단하다

이 책에 있는 것들

- 6 잘못된 결정
- 8 주사위를 던져라
- 10 축구팀 첼시 FC 감독 호세 무링요
- 12 몇몇 잘못된 결정들을 내려라
- 14 배면뛰기
- 18 꽃의 촬영
- 20 누가 펭귄이 날지 못한다고 말했나?
- 22 코닥
- 24 유행을 거부하는 패션의 높이
- 26 만지지 마시오
- 28 올바른 노출
- 30 이 책을 거꾸로 드시오
- 32 차례
- 34 미궁에 빠지다?
- 36 나는 꿈꾼다
- 38 상상한다
- 40 후회하는 편이 더 낫다
- 42 꿈의 집
- 44 인생과 결정
- 46 어떤 사람이 되고 싶은가?
- 48 보트를 뒤흔들어라
- 50 무모한 사람이 되라
- 52 착실한 에디 vs 무모한 에리카
- 58 당신은 합리적인가?
- 60 비합리적인 세대
- 62 누구나 이것들 중 하나를 필요로 한다
- 64 하늘에 도달하는 것이 당신의 꿈인가?
- 66 하면서 고쳐라
- 68 뺨 한 대를 요청하라
- 70 모든 것을 내 탓으로 여겨라
- 72 당신 자신을 예술가로 불러라

이미 바를 향하고 있다.

이 책을 거꾸로 드시오

올바른 노출

어느 날 교수가 호수에서 목욕을 하고 있었다. 이곳에서는 옷을 벗고 수영하는 것이 일종의 관습처럼 되어 있는 곳이었다.
그런데 교수가 물 밖으로 나오려고 하는데 때마침 제자들이 배를 타고 지나가는 것이었다.
순간적으로 교수는 가지고 있던 수건으로 아랫도리가 아니라 얼굴을 가리기로 했다.

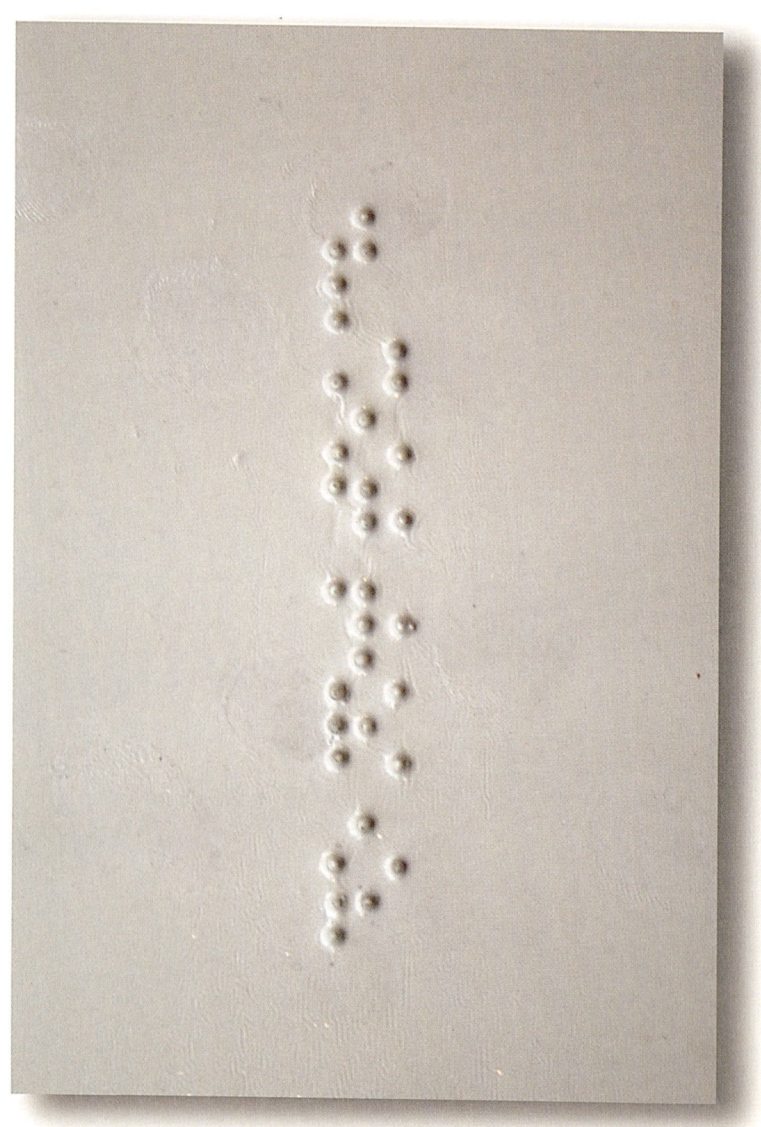

만지지 마시오

아래는 점자가 새겨진 그림이다. 점자는 '만지지 마시오'라고 쓰여 있다. 하지만 이것을 알 수 있는 유일한 방법은 글씨를 만져보는 수밖에 없다. 이는 사랑스러운 역설이자 뒤집어 생각하는 것의 훌륭한 예이다.

만약 이런 일을 할 만큼 용기 있고 대담하지 않았다면 웨스트우드는 훗날 우리가 가장 존경하는 디자이너가 되지 않았을 것이고, 맥라렌은 펑크록 밴드 섹스 피스톨즈(Sex Pistols)를 결성하지 못했을 것이다.

유행을 거부하는 패션의 높이

유행에 민감한 사람들이 모방하는 작품들을 창조해내는 사람들은 사실 유행과 정반대되는 것을 한다.

그들은 뭔가 전혀 유행과 관계없고 시대에 뒤떨어졌으며 잘은 모르겠지만 어딘가 잘못된 것들을 만들어낸다.

독창적인 아이디어는 독창적인 사람들이 만들어낸다. 이들은 본능적으로 남다른 것의 가치를 간파하며 평범함을 위험한 것으로 간주한다.

1970년대 말 비비엔 웨스트우드와 말콤 맥라렌은 그 당시 패션과는 거리가 먼 곳이었던 런던 옥스퍼드 스트리트 뒤편의 세인트 크리스토퍼스 플레이스(St. Christopher's Place)라는 곳에 가게를 열었다.

그 가게의 이름은 '진흙의 노스탤지어(The Nostalgia of Mud)'였다. 이들의 의상은 시대를 30년 정도는 앞서갔다. 그것들은 입거나 살 만한 것이 아니었다.

완곡히 표현하자면, 그들의 가게는 뭔가 기묘했다.

가게는 얼마 되지 않아 문을 닫았다.

이들은 바보 같은 짓을 한 걸까? 아니면 훌륭한 일을 한 걸까?

코닥

1881년 지방 은행에서 말단 사원으로 근무하던 조지 이스트만은 은행이라는 안정된 직장을 버리고 사진 회사를 차리기로 결심한다.

그러나 이보다 더 흥미로운 사실은 7년 후 그가 회사 이름을 '코닥(Kodak)'으로 변경했다는 것이다. 언뜻 보기에 이것은 엉뚱한 선택이었다. 코닥이란 말에는 아무런 뜻도 없었을 뿐 아니라 그 당시에는 진지한 사업에 이렇게 아무 뜻도 없는 이름을 붙이는 사람이 단 한 명도 없었기 때문이다.

하지만 이스트만은 다음과 같은 이유에서 이 이름을 적극적으로 채택하기로 한다.

첫째, 그것은 짧았고

둘째, 사람들이 잘못 발음할 가능성이 없었으며

셋째, 다른 것과 혼동될 가능성도 전혀 없었다.

오늘날까지도 이렇게 사고할 수 있는 기업은 매우 드물다. 몇 안 되는 소수의 뛰어난 사업가만이 그렇게 할 수 있을 뿐이다.

판사들은 페이퍼백 판으로는 그들의 책들을 판매하지 않겠다고 말했다.
어떤 것도 6펜스 이상으로 판매해본 적이 없는 대형 슈퍼마켓 체인인 울워스만이 협조적으로 나왔을 뿐이다.
출판계의 벤처 사업으로서 이것은 형편없는 아이디어라고 여겨졌다.
그러나 펭귄 사의 창립자는 이와 반대로 생각했다.
그 이후는 출판업계의 역사가 되었다!

누가 펭귄은 날지 못한다고 했나?

"훌륭한 작가와 훌륭한 디자인, 그리고 훌륭한 내용! 이 모든 것을 단 6펜스에 드립니다."
오늘날 우리에게 이것은 당연한 소리처럼 들린다.
하지만 1934년에는 그렇지 않았다.
당시 알렌 레인(Allen Lane)이 펭귄북스를 창립하면서 염가 도서들을 출간하기로 했을 때, 서적상들은 "7실링 6펜스에도 남는 게 없는데 하물며 6펜스에 무슨 수로 이윤을 남기라는 것인가?"라고 말했다.
한편 작가들은 인세를 잃게 될 것이라 걱정했고, 다른 출

하지만 이렇게 촬영한 사진은 아름답긴 하지만 일정한 한계가 있다. 왜냐하면 우리는 이런 방식으로 얻어낸 예쁜 꽃 사진을 수천 번도 더 봐왔기 때문이다.
그렇다면 어떻게 해야 기억에 남는 사진을 찍을 수 있을까?

어빙 펜(Irving Penn)은 완벽하고 신선한 꽃을 찍는 대신 죽은 꽃을 완벽하게 찍었다.

80년 전, 과학 사진가 칼 블로스펠트(Karl Blossfeldt)는 사람들이 종종 알아보지 못하는 놀라운 사진들을 찍곤 했다. 여기에 실린 사진은 식물이라기보다는 마치 고층건물처럼 보인다.

이들은 모두 정해진 방식에서 벗어난 것이지만, 더할 나위 없이 뛰어난 문제 해결 방법들이다.

꽃의 촬영

꽃을 촬영하고자 할 때 우리는 보통 완벽한 표본을 고른 다음 가지런히 정렬시킨 후 조명을 비추고 분무기로 이슬방울을 몇 개 만들어준다. 이렇게 하여 꽃의 가장 아름다운 상태를 연출한다.

1930년대 안드레 케르테츠(Andre Kertesz)는 시든 튤립을 찍기로 한다. 누구든 한번 이 사진을 본 이상 이 사진을 기억에서 지워버리기란 거의 불가능하다.

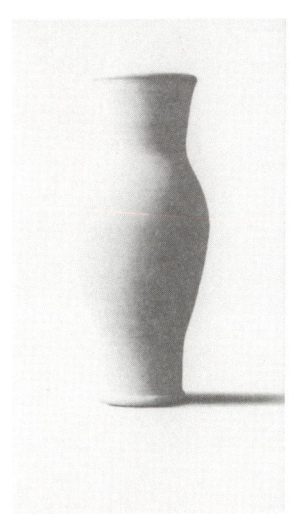

자신의 홍보용 사진을 위해 사진가 아드리안 플라워스(Adrian Flowers)는 꽃이 아니라 꽃병을 보여주기로 한다.

이렇게 하여 딕 포스베리는 세계 높이뛰기 사상 처음으로 배면뛰기를 시도하며 올림픽 금메달을 거머쥐었다. 사람들의 머릿속에 그의 배면뛰기는 아주 신선하고 선명한 이미지를 새겨 넣었다.

사람들은 그의 높이뛰기 방법을 포스베리 플랍(Fosbury Flop)이라 불렀고, 이후 많은 선수들이 그의 배면뛰기를 따라하기 시작했다. 포스베리 이후 올림픽에서 정면뛰기를 시도하는 선수는 아무도 없었다.

그는 다른 모든 사람과 정반대로 생각함으로써 이전의 그 어떤 이보다 더 높이 뛸 수 있었다.

사고방식에서의 작은 차이가 높이뛰기의 역사를 완전히 뒤바꿔 놓은 것이다.

1968년 올림픽 기록

백 투 더 퓨처

1968년 올림픽 기록

1968년 멕시코 올림픽 이전까지 높이뛰기 선수가 막대를 가로지르는 방법은 보통 몸을 막대와 평행하게 만들어 몸을 웅크리듯이 가로지르는 것이었다. 이 기법을 엎드려뛰기 혹은 웨스턴 롤(Western Roll)이라고 한다. 그러나 1968년부터 이 경향은 완전히 바뀌기 시작한다.

사람들은 한 무명 선수가 2m 38cm라는 세계 신기록을 세우는 장면을 그야말로 경이로움 속에서 바라볼 수밖에 없었다. 이 선수는 숨을 고른 후 힘차게 도움닫기를 하더니 막대를 향해 몸을 앞으로 기울이는 것이 아니라 반대로 뒤로 돌아누웠던 것이다.

그런 다음 그는 다리를 들어올린 후 등으로 막대를 뛰어넘었다.

배면뛰기

제대로 한번 출발해보자.

우리도 몇 가지 잘못된 결정을 내림으로써

축구팀 첼시 FC 감독 호세 무링요

이것은 잘못된 사고방식일 수 있지만 경기를 이기는 방법이다.

이 책을 지배하는 자와 지배당하는 자 모두에게 바친다.

결국 중요한 건 주사위를 던질 배짱이 있는가이다.

주사위를 던질 준비가 되어 있는가?

이 책은 어떻게 위험이 삶의 안전이 될 수 있는지,

왜 비합리적으로 구는 것이 합리적으로 행동하는 것보다 더 나은지 보여준다.

이 책은 잘못 내린 결정들이 주는 혜택을 설명한다.

이 책은 인생을 잘못된 방식으로 바라본다.

폴 아덴 지음 | 김지현 옮김

생각을 뒤집어라

THINK OPPOSITE

남다른 세상을 만드는 뒤집기 발상 기술

김앤김
북스

WHATEVER YOU THINK, THINK THE OPPOSITE
Copyright © 2007 by Paul Arden
All rights reserved
Korean Translation Copyright © 2007 by Kim & Kim Books
Korean Translation rights arranged with Penguin Books Ltd.,
through Eric Yang Agency.

이 책의 한국어판 저작권은 에릭양 에이전시를 통한
Penguin Books Ltd.사와의 독점계약으로
한국어 판권을 김앤김북스가 소유합니다.
저작권법에 의하여 한국 내에서 보호를 받는 저작물이므로
무단전재와 복제를 금합니다.

THINK OPPOSITE

생각을 뒤집어라